TU PUEDES HACERLO

CONSEJOS PARA LANZAR TU PROPIO LIBRO

Michael A. Santiago

TU PUEDES HACERLO

Copyright © 2020 Michael A. Santiago

Todos los derechos reservados.

DEDICATORIA

Para aquellos que deseando emprender en la vida se dieron cuenta que el campo de batalla es mas fuerte delo pensado, y buscando equiparse con las herramientas correctas decidieron invertir en lo correcto.

Este libro es para usted que me lee. Yo creo en ti y se que lo puedes lograr.

CONTENIDO

Agradecimientos

Introducción

1. PARTE UNO   8
2. PARTE DOS   20
3. PARTE TRES   44
4. PARTE CUATRO   48
5. Ultimas Palabras
6. Acerca Del Autor   60

AGRADECIMIENTOS

Has sido mi mayor inspiración motivación. Entiendo que mi vida no tendría sentido si no te tuviera a mi lado.

¡Te Amo Gene!

Introducción

"Trabajar duro en algo que no nos interesa se llama estrés. Trabajar duro por algo que amamos se llama pasión."

-Simon Sinek

Se dice que todos en su vida deben escribir al menos un solo libro. Observe que la palabra clave es DEBEN, pero ¿por qué debemos hacerlo? Porque es la mejor manera de transmitir y compartir una idea, y si te importa y es importante para ti, a lo mejor importe y le sea importante para alguien más. Pero, ¿por qué? Por que el libro que escribes en realidad es mucho mejor que aquel que sueñas. Muchos sueñan con hacerlo, pero pocos logran realizarlo.

De acuerdo al *Bowker Report* más de 700,000 libros fueron publicados en los Estados Unidos solamente en un solo año y no por casas editoras sino por personas comunes y corrientes. Hubo un incremento de sobre 375% desde el año 2010. Entonces algo la gente está viendo en la publicación de libros como para poder atreverse a lanzar y publicar sus propios libros. Puede que sea la fama, el dinero, la exposición, la inmortalización en un papel o alguna otra razón. Creo que es cuestión personal y nadie le debe juzgar.

La literatura tiene el poder y la capacidad de marcar generaciones y cambiar el destino de aquellos que la consideran. Como escritor cargas dentro de ti el contenido para transformar vidas a través de tus palabras y escritos.

No creo que haya mayor satisfacción que aquella, cuando un lector se encuentra con alguna escritura tuya y puede ser transformado o cambiado y quizás hasta motivado en emprender algo nuevo. Quizás hasta con algo que quizás a ti como escritor te pareció algo simple o sencillo, pero para él fue lo suficientemente convencedor. Poder entender que tus cicatrices se convirtieron en la sanidad es de otros. Que tus dolores se convirtieron en las fortalezas de otros. Que tus experiencias de vida se pueden convertir en el mapa que le ayude a trazar un camino más claro para aquellos que intentan emprender para lo próximo es satisfactorio.

Una de las experiencias más gratificantes que he tenido a través de la escritura de libros en estos últimos años han sido los constantes testimonios que he recibido de diferentes personas de diferentes lugares que se encontraron navegando en el internet, recibieron como parte de un regalo que quizás un familiar les obsequió o quizás ellos mismos lo adquirieron personalmente y que les sacudiera de alguna forma.

Hubo uno en específico que me marcó, pues recibí un mensaje a mi e-mail en el que un hombre estaba relatándome su experiencia con mi segundo libro *Toma Tu Lecho & Anda*. Él se presentó con su nombre y me contó que había recibido la copia del libro como un regalo de parte de su hermana. Eso me pareció algo normal o común y corriente, pero las próximas declaraciones fueron las que terminaron de estremecerme. Me relataba que se encontraba hospitalizado en un hospital de la costa oeste de Puerto Rico luchando con un cáncer que, según la ciencia médica había limitado su vida a tan solamente algunas pocas semanas o meses. Pero al encontrarse con ese segundo libro en específico, que yo tan solo había publicado algunos meses atrás, que hablaba específicamente acerca de la fe y de la confianza en que Dios todavía puedo operar milagros despertó en el esa misma fe. Las declaraciones de este hombre en el mensaje decían que, aunque la ciencia médica había dado una palabra determinante contra su salud, era su confianza de que la cama de un hospital no era su destino final, sino que volvería a levantarse de aquella situación tan dolorosa.

Cómo escritor debes entender que te expondrás a una gran audiencia muy diversa que quizás está atravesando situaciones difíciles pero que a través de lo que les puedas plasmar a través de la escritura de un libro, ellos pueden entender que sus vidas también pueden ser marcadas para bien. Como escritores debemos siempre tener presente a quienes le estamos hablando y por qué les estamos hablando. Debemos tener presente cuál es nuestra intención a través de la literatura, por lo que debemos presentarles respuestas a sus preguntas. Debemos presentarles alternativas y salidas a sus momentos difíciles. Es por eso que la gente acude a la literatura, porque entiende que dentro de ella puede encontrar algún tipo de escape a la realidad presente que están viviendo o el apoyo necesario para continuar.

Si escribes solamente para llenar páginas en blanco, permite dejarte saber que pierdes el tiempo. Pero cuando tú escribes con la intención de ayudar, inspirar, motivar y fortalecer a alguien, tu escritura cobra una fuerza sobrenatural que tiene la capacidad de trascender los tiempos y las barreras de las distancias para tocar a alguien e impregnarle con una semilla que active su propósito de realización personal.

Es por es que en este libro encontrarás las herramientas necesarias para realizarte en el sueño de escribir y lanzar tu propio libro. Será un ejemplar intenso donde cubriremos todos los temas pertinentes a la escritura y publicación personal. Comenzaremos desde la idea inicial de tu propio libro hasta si venta.

Ten en mente que nadie más escribirá el libro por ti, por lo que debes asegurarte de que estas preparado y seguir al pie de la letra el mapa que te trazaremos para que puedas realizarte como escritor y autor.

Corta las distracciones y se bienvenido a la aventura literaria.

TU PUEDES HACERLO

PARTE UNO

Los Enemigos Del Emprendimiento

"Cada logro que vale la pena, grande o pequeño, tiene sus etapas y el triunfo; un principio, una lucha y una victoria."

-Mahatma Gandhi

Es imposible pensar en el éxito sin considerar los obstáculos y desafíos que presenta la grandeza. Quien emprende sin tener en perspectiva los retos que tendrá delante es un ingenio, más el que los puede ver por adelantado es sabio. Es por eso que son los sabios aquellos que pueden ser exitosos en absolutamente todo lo que se proponen, porque siempre salen a la guerra con aviso previo, por lo que no les toma por sorpresa lo que se presente.

En todas las áreas de emprendimiento personal o empresarial encontramos un denominador común presentado como desafíos o barreras. Éstos son los que yo considero *Los Enemigos Del Emprendimiento*. Cada uno de ellos tiene la capacidad de detener a los que son infectados por ellos, impidiéndoles avanzar al éxito personal.

Las Comparaciones-

Si hay algo que es devastador para un escritor, y que puede convertirse en un arma mortal en su contra, es que no tenga su identidad como escritor definida. Uno de los mayores problemas es que no tenga su estilo definido ni entienda el molde en el que encaja. Cada escritor debe aprender a descubrir su diseño porque si no, puede caer en las garras de este enemigo llamado "*las comparaciones*".

El escritor que no descubre su identidad puede pasar su vida comparándose a si mismo con otros escritores. Comparara su trabajo con el de otro. Comparara su estilo con el de otro. Comparara su éxito personal con el de otro.

Debes por lo tanto que de acuerdo al estilo y diseño que cada escritor tiene, podrá alcanzar a una audiencia especifica. Unos escritores pueden llegar a una cierta audiencia, mientras que otros a otra. Esto no debe desanimar, ni desilusionar en lo absoluto, sino todo lo contrario. Debe servir de inspiración al entender que puedes alcanzar a alguien.

El peligro de no conocerte, te puede llevar a imitar a otros escritores, deformando entonces tu identidad, pensando que de esta cierta manera puedes ser efectivo. Hay cosas que solo le funcionan a algunos porque van ligados a su estilo y que no le funcionan a otros. Somos efectivos en nuestro propio diseño, estilo e identidad, no como otros.

Quien no tiene identidad propia se puede convertir en la copia barata de otros. No seas un "*Made in China*".

El Aplazamiento-

"*Yo lo hago después o mañana*". ¿Lo has escuchado? ¿Lo has dicho? Esta visita de tiempo en tiempo a los emprendedores, pues es uno de sus enemigos más grandes. Este echa a perder el "ahora" por lo insignificante o pasajero. Siempre hemos oído que no debemos *"dejar para mañana lo que podemos hacer hoy"* por la simple razón de no saber ni tener la certeza de que mañana llegue y además que hoy aún hay tiempo y oportunidad para lograrlo.

¿Cuán a menudo nos sucede? Para poder contestar esta pregunta debes entonces contestarte esta, ¿qué has aprovechado en este último tiempo?

En el tiempo de la cuarentena por la Pandemia del Covid-19, a diario, lo único que leía en los estados de las redes sociales era a muchos quejándose por el encierro de estar en sus casas y no encontrar que hacer. Si, yo entiendo que fue un tiempo bien difícil, en el que muchas vidas se perdieron, pero tu que estabas con salud en tu casa tenías una oportunidad extraordinaria. Me explico…

Si le preguntas a un escritor cuáles son sus mayores desafíos al escribir, la mayor respuesta es *"falta de tiempo y espacio"*. ¿Qué fue lo que se nos brindó en la cuarentena? Tiempo y Espacio. Justamente lo necesario para invertir en nuestros proyectos.

Por lo tanto, si a lo largo de ese *"encierro"* no aprovechaste el tiempo, posiblemente hayas perdido una de las mejores oportunidades de vida.

Ahora contéstate esto: ¿Qué has emprendidos? ¿Qué has logrado? ¿En qué inviertes tu tiempo? *¿Tic Toc? ¿YouTube? ¿Facebook?* ¿Y qué ha aportado ello a tu crecimiento o realización de tus sueños? Sueño. Así mismo. Ocasiona la pereza y la falta de dirección. Provoca atraso y estancamiento en quien no lo identifica y combate.

Aprende a aprovechar las oportunidades, porque debes comprender que absolutamente NADIE escribirá tu libro por ti. Te toca a ti hacerlo en invertir en el todo lo que puedas. ¡Identifica lo que te detiene y elimínalo! Si no el aplazamiento no lo detienes te detiene entonces el a ti.

El Temor-

Bajo temor he visto a las personas actuar de diferentes formas, y la manera más común es la parálisis. El mundo a su alrededor se les puede estar cayendo y el temor les congela sus piernas de tal forma en que nada les hace moverse. Lo mismo sucede con los que enfrentan el temor empresarial. El temor al fracaso, la falta de apoyo o quizás el miedo a triunfar los paraliza de tal forma en que nunca emprenden, aunque sus ideas sean revolucionaria y extraordinarias. El temor te hace ver el fracaso como el único resultado. Siempre te susurrara al oído: "*Solo fracasaras. La gente se burlará de ti. No te ira bien. No tendrás apoyo. Lo iniciaste y no te resulto.*" Entonces si crees en estos pensamientos terminas paralizado por completo y nunca emprendes con confianza.

Él viene acompañado de la mano de la timidez y como te hace creer que nada resultara, pues así mismo sucede. Entonces si te lanzas en el trabajo literario con esta mentalidad de fracaso y derrota, lamentablemente tus pasos se irán en falso y nada de lo que emprendas te resultara. Si te vencen en tu mente, ya te vencieron en tus esfuerzos. Por más conocimiento y profundidad que tengas... PERDERAS.

La Frustración-

A todos nos ha tocado a la puerta la frustración en algún momento de nuestra vida. De tiempo en tiempo nos visita, pero siempre llega específicamente luego de haber emprendido y no haber recibidos los resultados esperados. Qué difícil se hace esforzarse por algo deseado y que nada resulte. Es entonces cuando la frustración te dice que lo olvide y que no lo vuelvas a intentar. Si no tienes presente que tus resultados pueden variar y presentarse de forma distinta a lo esperado, la frustración te impedirá emprender nuevamente. La única intención que ella tiene es llevarnos a entregar por completo nuestros sueños y proyectos.

Si no sabes hacerle frente jamás podrás realizarte en aquello que aspiras. Si de pronto sientes que la frustración tiene sus garras sobre ti, detente por un momento, piensa, medita, camina y regresa refrescado y con una mente libre y nueva.

Los Falsos Amigos y Animadores-

Lo peor que un emprendedor puede tener de su lado son los falsos amigos y los animadores/porristas, (*cheerleaders en ingles*). El problema de ellos es que por no lastimar tus sentimientos y emociones te endulzan los oídos con las palabras que quieres escuchar y no las que debes. Lo menos que necesitas son fanáticos. No necesitas personas que al leerte solo te digan: "*¡Wow! Que bonito lo hiciste*", conociendo que hubo espacio para mejorar y perfeccionar.

Años atrás recuerdo haber conocido un hombre que me dijo: "*Debes aprender a tener piel de cocodrilo. Que nada te lastime ni hiera*".

Necesitas rodearte con personas reales que te mantengan con los pies en la tierra. Hacen falta los que te pueden corregir sin que te lastimes ni sientas herido. Debes tener gente real de tu lado que te apoye sin comprometer su integridad y opinión, y que a su vez te mantengan con los pies bien puestos en la tierra. Es mucho mejor tener de cerca de tus amigos que te hablen con la verdad, a que un completo extraño te las verdades crudas sin filtrar y que te desanimen y enfoquen.

Entender los desafíos futuros te preparará para enfrentarlos con la mentalidad y actitud correcta. Es por ello que debes equiparte hoy con las herramientas que tienes en tus manos, para que cuando llegue el momento de lanzarte a emprender con tus proyectos, no te desanimes con los resultados, ni desalientes con los obstáculos.

No te rindas. No te quites. Sigue trabajando.

Cuatro Errores Cometidos Por Escritores

"El hombre que ha cometido un error y no lo corrige comete otro error mayor."

-Confucio

Cuando a Thomas Edison se le preguntó acerca de sus mil intentos fallidos con la creación de la bombilla, respondió de la siguiente manera: *"No fue que fracasé mil veces, sino que descubrí mil maneras de cómo no se hace una bombilla."* Entiendo que se nos haría muchísimo más fácil la travesía literaria aprendiendo a seguir el mapa que otros nos trazaron. Comprendiendo y aprendiendo de los errores de otros para no cometer los mismo de ellos y avanzar entonces con más velocidad.

Como escritores, muchas veces tendemos a obviar los consejos que otros compañeros escritores nos pueden ofrecer, porque, o pensamos que lo conocemos todo y no necesitamos consejos, o sentimos que nos hiere el hecho de que nos puedan considerar novatos. Sin embargo, quien aprende a observar y reconocer los errores y consejos de otros, recibe la capacidad para triunfar.

Estas a tiempo de identificar hoy los errores y corregirlos a tiempo no sea que mañana terminen acabándote.

No Leer Su Propio Género Literario-

El escritor José Luis Navajo dijo que, "*se le hace imposible concebir la idea de un escritor que no es lector*". Uno de los errores más comunes en muchos escritores es no considerar los escritos de otros escritores. Para algunos puede ser la excusa de no querer imitar o parecerse a otros, pero la verdad es que, considerando otros libros se nos expande el conocimiento en las temáticas que comparten y a la vez crecen como escritores. Algunos pensando ya conocerlo todo se limitan a crecer, porque quien deja de aprender, deja también de crecer.

Hay dos razones esenciales y fundamentales por las que cada escritor debe leer y considerar su propio género literario:

1. Conocer cual es la expectativa del lector

Digamos que escribes del liderazgo efectivo. Lo mejor que puedes hacer es buscar autores que hablan del mismo genero y temática para que puedas experimentar por ti mismo lo que es leer acerca de ello. Puedes considerar a autores como el brillante John C. Maxwell quien es un experto en las temáticas de liderazgo. Quieres escribir poesía y drama cristiano, considera al Pastor José Luis Navajo. Para cada género hay excelentes escritores, y leyendo sus escritos te pones en los zapatos del lector y comprendes por ende sus expectativas. De esta manera puedes ser efectivo porque ya sabes que esperan aquellos que te van a leer.

2. Conocer las posturas de otros escritores en temas específicos

Es de suma importancia que el escritor siempre considere al lector, y entendiendo las dos razones anteriormente mencionadas, escribe con la intención de llegar específicamente a las áreas que su audiencia necesita y defiende su postura en cuanto a ideas específicas, estando a favor o en contra de lo que otro establece. No hay problema con que tengas una idea distinta a otros.

Invierte tiempo y dinero en la lectura. Crea tu propia biblioteca en la que añadas

No Planificar Su Escritura-

Una de las mayores frustraciones de un escritor es la famosa página en blanco. Este te reta y desafía a que plasmes sobre ella algo nuevo, diferente, relevante y de valor. Siempre te exige. Se vuelve más fuerte cuando no tienes de antemano un plan de trabajo. Me preocupan las personas que se sientan frente a sus computadoras esperando que milagrosamente fluyan las palabras, oraciones, párrafos y páginas de contenido profundo sin prepararse de antemano para desarrollarlo.

Como escritor debes aprender a crearte un plan y estrategia de trabajo. Al estructurar tus ideas y conceptos de escritura, el momento e escritura se hace mucho más efectivo y fluye de manera natural y no forzada. Escribe aparte tus notas, temas e ideas para que puedas utilizarlas todas en el momento de tu escritura.

Ten presente que la lectura debe *tener un ritmo* en el que cada oración, párrafo y pagina conecte con la siguiente, sino solamente dejas al lector en el aire y sin respuestas. Eres un guía para el lector solo cuando lo tienes a él en mente cuando estas escribiendo.

No Escribir Una Introducción-

Parece superficial, pero, aunque no lo creas, hay una gran cantidad de personas que tienen pensado que la introducción a un libro no es de importancia, y basado en esta idea han lanzado y publicado sus libros.

Pero, ¿por qué se debe introducir un libro? Sencillo, por dos razones importantes:

1. *Familiarizar al lector con el autor-*
Ayuda a que la gente te conozca como escritor. Te relaciona y familiariza más con la audiencia y ella se sentirá más en confianza si es que te considera como un novato que no ha sido firmado por una casa editora. Cuéntales tu historia de manera breve revelándoles tu crecimiento y camino de desarrollo como escritor. Muéstrales tu resume en forma de experiencias, estudios y logros para que ellos sientan que te conocen.

2. *Darle una perspectiva al lector de qué encontrará el libro-*
Ayúdalo a que tenga una idea más clara de que será lo que encontrara en su experiencia de lectura. Debes tener la intención de ayudarles a entender qué específicamente se estarán llevando del libro y cuan es la enseñanza e idea central del mismo.

Si tu lector te leyó el ejemplar y al final de todo no se llevó nada, fracasaste como escritor. Debes tener la intención de impregnarle algo. Pudiste haber ganado dinero en el momento, pero nada te asegura que hayas ganado a un fiel lector que adquirirá tus siguientes libros.

No Concluir Correctamente-

Un piloto puede tener la capacidad de sostener en vuelo un avión, pero si no sabe despegar ni aterrizar, NADA hace, sino solamente echar a perder la vida de aquellos que pilotea. Considera la manera en la que vas a terminar el libro. Busca *inspirar, motivar, alentar o alertar* al que te lee.

Es de importancia traerle nuevamente a la memoria al lector todo lo anteriormente enseñado a lo largo del libro *RECAPITULANDO* los puntos más importantes que deseabas resaltar. Tráele a memoria frases, pensamientos, ideas y mas importante, la esencia de lo que quieres impregnarle. No permitas que termine su lectura sin recordar lo que verdaderamente era importante de lo que leyó.

Conéctalo de nuevo al principio. El libro debe mantener una línea continua, así como lo hace un circulo. Vuelve nuevamente a su lugar de partida, y esto es lo que debes hacer con el lector. Llévalo de vuelta al principio y a la idea inicial.

Aprendiendo a prevenir estos errores ahorrarás tiempo, esfuerzo e inversión, enfocándote por completo en tu solo objetivo, el cual es la escritura y publicación efectiva de tu libro.

PARTE DOS

Diez Consejos Importantes

"La escritura no es producto de la magia, sino de la perseverancia."

-Richard North Patterson

¿Alguna vez hiciste trampa en clases? Sabias que el examen que la profesora traía no era en lo absoluto fácil, y te preparaste una pequeña nota en la que traías la mayoría de las respuestas ya preparadas… Si no lo hiciste te felicito, pero yo no puedo decir lo mismo. No estudiaba siempre, pero si deseaba estar listo y sacar las mejores clasificaciones en mis clases. Pues de igual forma te servirán estos consejos. Hazte de la idea de que vas a hacer trampa porque no has comenzado bien a escribir cuando ya tienes a tu mano todas las respuestas a tus preguntas. Tienes las contestaciones listas para ayudarte a realizarte.

Sea fiel a ellas y ellas te ayudarán. Son tu pase directo a la publicación exitosa. Ya no tienes excusa para alcanzarlo. Solo necesitas esforzarte y creer lo puedes hacer.

1. Crea Un Respaldo (*Backup en ingles*):

No hay cosa mas devastadora para un escritor, que haber escrito veinte, cincuenta o cien paginas y por un apagón de luz, la computadora fundirse y perder todos sus archivos que no fueron respaldados. Es tiempo invertido que se perdió en un instante. Se lo que digo, porque me ocurrió en mis primeros años.

Mi recomendación es tener todo guardado en como mínimo dos lugares diferentes. Puedes crearte una cuenta en la nube y guardarlo ahí, como también en un disco duro o computadora aparte. De esta manera te aseguras no perder tu trabajo tan valioso. Usa tu correo electrónico a tu favor, y si quizás no tienes cómo pagar una subscripción a la nube o el dinero para comprar un disco duro, puedes incluso guardar tus archivos en un CD. Hay diferentes alternativas que puedes utilizar a tu favor.

Mientras vas escribiendo guárdalo. Sea que escribas un párrafo o una pagina, guárdalo, pues no sabes que pueda ocurrir en el momento.

2. Busca Ideas:

Si estas escribiendo historias o novelas y tienes el deseo de cambiarle los nombres a tus personajes para proteger sus identidades, una de las cosas que muchos dramaturgos modernos hacen es buscar nombres de bebés, porque pueden traer cierto sentido de frescura a sus personajes.

Si deseas describir personajes en tu libro, busca imágenes de personas parecidas a las que relatas y mientras escribes, descríbelas de acuerdo a cómo las estas viendo en las imágenes. Todo esto puede ayudarte a darle vida a tus personajes y escenarios.

Lee las reseñas, tabla de contenido y resúmenes de otros libros para que puedas tener una idea de cómo formar tu escrito. Nunca con la intención de hacer plagio, sino con el objetivo de desarrollarte con mayor profundidad. Así sabrás como dirigirte a la audiencia adecuada.

3. <u>Toma Nota:</u>

Hay inspiraciones que llegan una sola vez y si no las aprovechas, las puedes echar a perder. Quizás pierdas lo mas poderoso de tu libro por no escribirlo cuando llegó. Es por eso que debes siempre tener cerca de ti y donde sea que te encuentres material para escribir. Sean libretas, notas, pizarras o dispositivos digitales siempre tenlo a la mano. Vuélvete loco dejando material para escribir por todas partes porque nunca sabes donde o cuando llegara tu mayor inspiración. Mi esposa sabe que si encuentra algún papel con notas, es porque algo de inspiración llego y lo tuve que anotar en lo primero que tuviera a la mano, sean recibos o servilletas.

Una de las cosas que mas utilizo son las notas de voz del teléfono celular. Si voy conduciendo y llega un pensamiento, como no lo puedo escribir, me grabo hablándolo y luego al llegar a mi destino lo escribo y así aseguro no perderlo.

4. <u>Conoce El Propósito Final:</u>

Toda la escritura debe tener la intención de llevar al lector a una idea esencial. Es por ello que mucho antes de escribir, piensa y medita en qué es lo específicamente deseas dejar plasmado en la mente de tu audiencia. Si les hablarás de las finanzas, posiblemente quieras dejarle la idea del ahorro. Si hablarás del amor, quizás le quieras dejar el pensamiento de la fidelidad y el compromiso. Si deseas hablar acerca del liderazgo, pues quizás quieras dejarle las características de un buen líder. No comiences a escribir si no conoces cual es el fin de toda la escritura.

5. <u>Busca Un Crítico:</u>

Necesitas quien pueda leerte a cada momento y critique pues te ayudará a no descuidarte ni conformarte con lo mediocre. Si es posible, busca un maestro de literatura o del idioma que escribas, porque, ¿quién mejor que alguien que ha invertido tiempo y estudio en sus conocimientos? Busca un amigo lector. Alguien que sabes que tiene la experiencia de leer continuamente, pues te hará bien.

6. <u>Investiga:</u>

Vivimos en la era de la informática. Todo lo que necesitamos y queremos aprender hacer lo encontramos en forma de video o escrito en el internet. No hay excusas para no aprender destrezas nuevas y mucho menos para inventar. No tienes la necesidad de imaginar como algo es, pues lo puedes investigar, y para tu escritura, esto es lo que necesitas. Hay muchísimas fuentes confiables con las que puedes profundizar en las temáticas que presentas.

Antes de escribir NUTRETE. Si ya vienes con una mente bien nutrida y equipada, equiparás y nutrirás a tus lectores. Fíjate que la palabra COMPETENTE literalmente significa *"experto en su materia"*. Por lo que debes tener en mente que tus lectores correrán a ti pensando que tu eres experto en aquello que le presentas, por lo que debes estar preparado para presentarte como lo mismo. Quien te lee no quiere considerarte como un novato, sino como alguien que le puede ayudar.

7. <u>Tormenta De Ideas:</u>

Una de las cosas que más me ayuda a escribir es vaciar la mente en papeles. Plasmo todo lo que da vueltas en mi cabeza en notas, aunque termine descartando alguna de ellas. ¿Por qué hacerlo? Porque no puedes fluir con libertad cuando tu mente esta cargada. Vacía tu mente y abre espacio para que lo fresco pueda llegar.

8. Uno A La Vez:

El problema con el que se encuentran muchos escritores en su momento de trabajo, es que trabajando en X capitulo están pensando en Y capítulo. Y no puedes perfeccionar aquello a lo que le dedicas medio esfuerzo y atención.

Lo que hago es tomar una de las notas y pegarlas a la pantalla de mi computadora olvidando por completo los demás y hasta que no lo termine de escribir, no lo suelto. Al final me doy cuenta qué es necesario y qué es irrelevante, porque el propósito no es llenar páginas, sino informar y nutrir.

Recuerdo un tiempo en el que literalmente me encontraba escribiendo dos libros de diferentes temáticas y pensamientos a la misma vez. Se me cruzaban las ideas, los pensamientos, e incluso los ojos. Usted no quiere eso. Necesitas pausar una cosa para dedicarle toda la atención a la otra.

9. Sacrifica:

Para poder ver tu libro hecho y publicado tendrás que aprender a decir que no. No a lo que no es importante. No a lo que es pasajero. No lo que no te ayuda. Sacrificarás horas de sueño y descanso. Sacrificarás salidas con tus amigos. Sacrificarás horas frente a un televisor. Sacrifica lo necesario sin sacrificar lo importante, tu familia. El tiempo de tu esposa e hijos es sagrado, por lo que debes crear un balance sin lacerarlos a ellos. No sea que luchando por cumplir tu sueño termines perdiéndolos a ellos.

Hay personas que necesitan conocer tu historia y leer tus consejos, por lo que pensando en ellos debes esforzarte.

10. Cree En Ti:

Si tu no crees en ti mismo, no esperes que los demás lo hagan. Conviértete en tu mayor motivador e inversor. Déjate notas y papeles motivándote. Quizás no tengas quien te anime ni de palmadas en el hombro, pero tu mismo te animarás a completarlo.

TU PUEDES HACERLO

Trece Pasosos Para Escribir Efectivamente

"Cuando necesito leer un libro, lo escribo."

-Benjamín Disraeli

Tienes las respuestas que muchos lectores están buscando y con esto mente nunca debes dejar de hacer aquello para lo que se te entregaron los talentos que tienes.

1. Establece El Espacio De Trabajo:

El espacio de escritura debe considerarse como un santuario sagrado. No importa si el lugar es una oficina, cocina, sala, repostería, café electrónico o un armario, lo importante es lo que dentro de ese espacio se trabaja.

Preferiblemente busca un lugar donde puedas tener silencio y privacidad. Desconéctate de las distracciones y ruidos de la vida para hacer lo que te has propuesto, escribir. Si necesitas irte por unos días y retirarte lejos para buscar inspiración, hazlo, pero si no puedes, unos audífonos se deben convertir en tus mejores amigos. Intenta conseguir unos que eliminen todo o la mayoría de los sonidos y ruidos para que no pierdas la inspiración cuando la tengas.

Cuando te estableces un espacio de trabajo tu mente y cuerpo automáticamente relacionan el lugar con el trabajo y es lo que necesitas para hacer lo necesario.

2. <u>Ensambla Tus Herramientas:</u>

Ten en mente que pasaras mucho tiempo sentado, por lo que una de tus herramientas mas importantes es tu silla. Si ella no es acojinada, quizás termines con la espalda baja mala y afectada. Si no tienes dinero para invertir en una, usa tus almohadas y cojines a tu favor.

Ten a la mano tolo que piensas que vayas a necesitar en el momento del trabajo. Sean papeles, lápices, notas, grapadoras o diccionarios. Mantelo todo al alcance de tus manos, no sea que necesitándolo, salgas a buscarlos y pierdas el fluir y ritmo de escritura.

Lo peor es perder el ritmo y línea de pensamiento por interrupciones que se pudieron haber evitado. Trabaje por lo tanto inteligentemente con todo cerca.

3. <u>Divídelo En Partes:</u>

"*¿Cómo se come un elefante? De un mordisco a la vez.*" De la misma manera atacarás tu escritura. Divídelo en partes, capítulos, páginas, párrafos, oraciones y palabras. No te rompas la cabeza tratando de hacerlo todo a la misma vez.

Terminaras frustrado y agotado.

Una de las cosas que me ha ayudado a trabajar de la manera en la que me he estructurado. Por ejemplo, un libro de algunas ciento sesenta a ciento ochenta paginas puede tener aproximadamente de algunas treinta y cinco a cuarenta mil palabras. Si comienzas a escribir pensando que tienes que escribir esa cantidad de palabras, el número por si solo te matará. Pero si lo divides se te hará mas simple.

Ahora, digamos que quieres escribir esa cantidad de palabras y paginas en tus libros en tres meses, divídelo. Divide esa cantidad de palabras por la cantidad de meses en los que quieres terminar. *Treinta y cinco mil* dividido en *tres* son aproximadamente *once mil seiscientos sesenta y seis*. Ahora divide *once mil seiscientos sesenta y seis* en las *cuatro* semanas del mes, que equivale a algunas *dos mil novecientas dieciséis* palabras, que también dividirás en los *siete* días de la semana que te da un total de *cuatrocientas dieciséis* palabras

Ahora te pregunto yo, que al día no puedes escribir tan solo *cuatrocientas* palabras?

Si te determinas hacerlo, lo logras. Te lo aseguro.

4. Que Valga La Pena:

Aquí no hay espacio para cosas pequeñas. Si te vas a lanzar, hazlo en grande. Saca lo mejor de ti y crea la mejor versión posible de tus sueños. No te limites ni encierres en una mentalidad de pequeñeces. Si tienes la mentalidad de que será cosa pequeña, pues déjalo como un blog o estado en las redes sociales.

5. Crea El Esquema:

Antes de escribir y desarrollar el libro, diséñate la maqueta y estilo del libro. Hazte las siguientes preguntas: *¿Qué te lleva de aquí a allí? ¿Cómo conectas este capitulo al próximo? ¿De qué manera se conectan las temáticas e ideas?* Toda la escritura del libro debe mantener un ritmo fácil de llevar para el lector para que no se pierda en su lectura.

Preséntale escenarios y situaciones cautivadoras. Mantén a tu lector intrigado con problemas, tensión, dilemas y situaciones que le lleven a conectarse aun mas al libro. El drama es uno de los géneros mas intrigantes para los lectores, así que incluye un poco en tus historias.

Los directores de películas, como *Steven Spielberg* y *Michael Bay* tienen una peculiaridad en sus proyectos. Siempre dan inicio a sus filmes con cinco minutos de acción. Hay *fuegos, explosiones, disparos, muertes, drama, tensión y emoción*. Baja sus revoluciones y luego de diez o quince minutos vuelve y presenta una escena igual. De esta manera ellos aseguran mantener a su audiencia conectada.

6. Horario Y Fecha:

Proponte terminarlo en la fecha que te establezcas. Una

de las razones por las que no culminamos nuestros libros, es porque no nos sentimos presionados para hacerlo, por lo que lo continuamos aplazando. Como no hay una fecha estipulada sentimos que tenemos tiempo para hacerlo, cuando en realidad es que terminan en nada la mayoría de las veces.

Hay quienes dicen "*considerar*" escribir de aquí a tres y seis meses. Y yo pregunto, ¿para que necesitas tanto tiempo para pensarlo? Decídete ya. Decídete en hacerlo hoy.

Si tienes el sueño de que una casa editora te firme, ellos siempre te darán una fecha culminante. Y es posible que no tengas un contrato con ellos, pero aspiras en llegar a esa altura, pues comienza a trabajar desde ya con la mentalidad correcta. Ellos no te dirán: "*Cuando puedas termínalo y entrégalo*". Negativo. Ellos te pondrán una fecha culminante y DEBES tenerlo listo antes o en la fecha estipulada.

Configura tu mente como la de grandes escritores que publican tres y cuatro libros al año. Si ellos lo pueden hacer, ¿por qué tu no?

7. Estudia Profundamente:

Pasa tiempo preparándote con el conocimiento necesario de tus temáticas. Utiliza lo que tienes a la mano. El internet nos es una herramienta de mucha ayuda. Estudia. Investiga. Rebusca.

Complementa tus escritos con la información debida.

Utiliza diccionarios, glosarios, concordancias y referencias de otros libros y escritores.

8. Un Inicio Categórico:

Crea un inicio que defina el curso y rumbo de tu libro. Que tus primeras declaraciones sean lo suficientemente poderosas como para cautivar a tu lector. Que valga la pena leerlo.

Los oradores dicen que tienen tan solo los primeros cinco minutos para atrapar a su audiencia en su discurso. Si no los pudo atrapar en sus primeras declaraciones, por mas profundo que sea lo demás que tenga delante, de nada servirá porque ya los perdió.

Puedes hacer una declaración filosófica, poética, sorprendente o intimidante. Utiliza la emoción a tu favor para atrapar a tus lectores.

Esta es la manera en la que yo inicie mi tercer libro:

"Desespera, inquieta, impacienta y turba en ocasiones... Ella te romperá el corazón, derrumbará tus sueños, aplastará tu ego y acabará con tus deseos de hacer aquello que tú mismo te habías propuesto hacer. Es amarga, pero dulce al paladar. Es chocante, pero consoladora al abrazar. Es dura al recibir, pero blanda al percibir. Ella tiene la capacidad de hacer esto y mucho más en el corazón de aquel que la escucha y decide creerle. Unos la evitan mientras que otros la buscan. Unos le huyen mientras que otros la persiguen. Unos la niegan, pero otros la aceptan. No

te hablo de alguien, te hablo de algo. Ella, es el sueño de Dios manifestado al corazón del hombre. Es Su deseo más profundo revelado al corazón de aquellos que intiman con Dios... Ella es la Voluntad de Dios."

9. Conflicto Y Tensión:

Debes tener la capacidad de venderles la idea de un problema real y la respuesta de cómo resolverlo. Si alguien adquiere tu libro es porque tienen cierto problema y entienden que tu tienes la respuesta a sus necesidades. Si escribes del matrimonio, tus lectores mayormente serán personas casadas o apunto de casarse que necesitan ayuda en ello. Es por eso que debes tener conflicto, tensión y respuestas. Ayúdalos en lo que necesitan.

Nunca debes dejarlos con mas preguntas que tenia al principio. Preséntales respuestas reales y prácticas.

10. No Escribas Y Edites:

Parece imposible pero no lo es. Aun con años de experiencia uno sigue luchando con esto, pero se puede. Nunca terminaras en la fecha estipulada si te detienes a cada cuatro palabras para corregir. Es imposible. Ser perfeccionista y obsesivo compulsivo se vuelve en una barrera que te detiene cuando en la pantalla de tu computadora vez las palabras mal escritas y subrayadas.

Escribe de manera corrida y no te detengas. No pares de escribir hasta vaciar todo lo que tienes en tu mente. Termina la pagina o el capitulo y cuando lo hayas completado regresas y editas. De esta manera avanzas y no pierdes la línea de pensamiento.

11. No Te Rindas:

A veces tenemos muchas ideas para comenzar y terminar, ¿pero qué sucede cuando a mitad de escritura no fluye nada? Muchos en este punto se rinden y abandonan el libro, porque se sienten que no tienen nada mas que añadir.

Cuando te sientas de esta manera, haz una pausa, levántate y camina. No te quedes ahí sentado, porque la frustración te puede tocar y llevar a entregarlo por completo. Sal a comer y caminar. Ve una película o escucha música por un tiempo. De esta manera bajas las tensiones y la presión de tener que sostener el libro.

12. Finales Épicos :

Piensa en la manera en que culminan las obras de Broadway. El telón bajo y toda la audiencia se puso en pie silbando, gritando y aplaudiendo. Esa es tu meta. Enloquece a tus lectores al final. Que ellos se pongan de pie y te aplaudan. Que te pidan mas. Que vuelvan para un segundo y tercer libro. Déjalos de tu lado de la esquina.

13. Edita Agresivamente:

Ya que terminaste de escribir, vuelve al principio. Regresa al principio y púlelo. Edítalo y hazlo brillar de tal forma en que se vea tu reflejo sobre el. Que no tenga manchas, sino la pureza que tu audiencia espera de ella.

TU PUEDES HACERLO

Herramientas Adicionales

"Somos lo que hacemos repetidamente. La excelencia, entonces, no es un acto. Es un hábito."

-Aristóteles

Busca perfeccionar tu obra cada vez que puedas. Empújate y lánzate a la excelencia con tu trabajo. No te conformes con lo logrado hasta ahora, sino muévete a mayores escalas.

1. Transcripción:

Una de mis favoritas herramientas de trabajo son los documentos y archivos de voz, en los que puedo grabarme y luego transcribirlo. Cuando siento que no me fluyen las palabras en el teclado, tomo mi celular y abro la aplicación donde literalmente hablo y el sistema, atrapando mi voz lo convierte en un archivo de texto escrito.

Google Docs. es una aplicación gratuita que puedes descargar en tu celular y es una página web que puedes abrir en tu computadora. Aunque su tecnología no es perfecta, tiene la capacidad de transcribir (convertir el audio en texto) casi de manera perfecta. Su único problema es que no añade siempre puntos, comas ni acentúa todas las palabras, pero si atrapa todo el audio y lo escribe casi a la perfección. Luego de hablarlo y transcribirlo, es tu momento de editarlo y corregirlo. Haciendo esto puedes ahorrar tiempo y te libras de la frustración de sentir que no te fluyen las palabras.

2. Gramática:

Puedes activar y descargar como un *"plug in"* en ti computadora como lo es *Grammarly*, *Pro Writing Aid* o *Stilus*. Estos programas tienen la intención y función de cotejar la gramática de tu texto.

Si tienes la bendición de conocer algún maestro del idioma que escribes, envíales el material para que te ayuden a perfeccionarlo.

3. Archivos Separados:

Escribe cada capitulo como un archivo por separado para enfocarte en escribir ese tema en específico sin distraerte con la cantidad de páginas ni otros temas. De esta manera mantienes un cierto orden y una línea de secuencia continua.

Compromiso

"Un escritor profesional es un amateur que no se rinde."

- Richard Bach

Habiéndote creado una estrategia de trabajo y escritura, CUMPLELA. Fíjate un horario específico para todos los días. Tus horas de escritura son sagradas. No se violentan ni se negocian. Tampoco se cancelan aunque el mundo se este cayendo. Tan pronto llegue el día y la hora de escribir enciérrate y no salgas hasta haber cumplido con tu tarea diaria. Si son tres páginas, trabaja hasta completarlas. Son quinientas palabras, trabaja hasta completarlas. Si la meta de la semana con dos capítulos, esfuérzate por hacerlo, porque sino la pereza tomara ventaja sobre ti y te conformaras con menos, y de poco en poco iras perdiendo.

1. <u>No Estarás Haciendo Esto:</u>

    Cuando estés en la oficina en modo trabajo no debes estar viendo videos de YouTube; navegando en la web; contestando correos electrónicos; comprando compulsivamente cosas que sabes que ni necesitas; mirando las redes sociales para averiguar que han dicho o cuántos *"me gustas"* tienes; sacando fotos ni contestando llamadas. Si de verdad quieres completar tu trabajo, NO TE DISTRAIGAS.

Si se te hace posible poner el teléfono en modo avión, y apagar los dispositivos que no estarás usando para escribir, hazlo para que no te veas tentado a detenerte.

2. Escribe Cuando Lo Sientas Y Cuando No:

Enfrentarás cantidades de días en los cuales no tendrás ni una onza de deseo, ni el sentimiento de escribir, pero esos deben ser los días en que mas escribas. Cuando estas en tu trabajo secular te debes presentar cuando quieres y cuando no. Cuando lo sientes y cuando no. Cuando llueve y cuando no. No puedes presentar excusas. Entonces si tomas seriedad para tu trabajo, hazlo también para la escritura de tu libro.

Si todo esto tuviera que ver con *"sentir"* hacerlo, nunca lo harías, porque es posible que nunca sientas escribir, pero tienes una responsabilidad contigo mismo y con la audiencia que necesita leerte.

Busca la manera de motivarte si es lo que necesitas. Una buena música instrumental ayudara a sacar lo mas poético y profundo de ti.

3. <u>Se Tu Mejor Motivador:</u>

Busca la manera de apoyarte tu mismo. Déjate recordatorios en tu teléfono y notas que te ayuden a escribir.

Invierte todo el tiempo y atención necesaria para completar tu libro. Si tienes que pasar horas de la madrugada sin dormir por escribir, pues que así sea. Tu mayor satisfacción será luego de haberlo completado cuando tus lectores te agradezcan por tu esfuerzo. Ellos reconocerán cuanto trabajo invertiste y cuanto amor derramaste como sudor y lagrimas sobre el papel.

PARTE TRES

Audiencia

"En las redes sociales no vendes, enamoras."

-Octavio Regalado

Las redes sociales nos han brindado una de las mejores oportunidades en esta ultima década. Nos ha permitido conectarnos con personas conocidas y desconocida en diferentes partes del mundo a la misma vez y en el mismo lugar. Tener de quinientos a dos mil amigos en cualquier red social se ha hecho mas fácil que nunca, por lo que tenemos de ellos una potencial y esencial audiencia a la que le podemos, no solo presentar el producto, sino también vendérselo.

"Lo que no se anuncia no se vende", pero no todo lo que se anuncia se vende, porque no se presenta ni anuncia bien. Si no es presentado correctamente se pierde la oportunidad de venderse. Antes de vender tu producto, te tienes que vender tu mismo. Es por ello que debes presentarte como quieres que la gente te vea. Muéstrate con tu mejor imagen. La gente se crea una imagen de ti de acuerdo a lo que ven de ti. Si en tus redes sociales lo único que compartes son chistes, bromas y videos tontos, no puedes esperar a que la gente te tome con mayor seriedad,

porque no les estas presentando la oportunidad.

Hay compañías que no contratan a un empleado nuevo sin antes buscarlo e investigarlo en las redes sociales. Las mismas redes se han convertido en un resume virtual que expone públicamente nuestras vidas. Es una carta que habla de ti y si no muestras tu mejor cara, echarás a perder una gran cantidad de seguidores. Debes por lo tanto cambiar y editar lo necesario si quieres que te vean con mayor seriedad, y en este caso como un escritor relevante.

¿Qué puedes hacer para mejorar tu imagen como escritor?

1. <u>Crea Un Perfil:</u>

Prepárate una página en las redes sociales donde las personas te puedan encontrar y ver como lo que eres, un escritor.

2. <u>Crea Una Campaña:</u>

Semanalmente comparte cortos escritos tuyos que atrapen a tu audiencia, creándoles interés e intriga. Dos o tres veces en semana escribirás frases y cortos párrafos de tu libro que enamoren a tu audiencia de ti y el producto.

Complementa los escritos con imágenes del libro. Un diseñador grafico puede hacerte una imagen digital del libro (una maqueta) en la que puedas añadirle el texto deseado, porque crea mas interés y tiene mejores resultados una publicación con foto y texto que una con texto solamente.

3. Desarróllate:

Créate una cuenta en paginas como *Blogger*, *Medium*, *Linked In* o grupos de Facebook donde puedas ir desarrollándote en la escritura y a la vez creando expectativa en los que te siguen.

PARTE CUATRO

Portada, Portada, Portada

"No juzgues un libro por su portada."

-Frase

Es imposible no juzgar un libro por su portada, pero lo hacemos. Si lo que se nos presenta no nos parece atractivo, de inmediato lo criticamos. De hecho, un posible comprador sabrá en sus primeros segundos de haber agarrado y visto tu libro si lo comprara o no. Es por eso que si vas a invertir tiempo y esfuerzo en el contenido, hagas lo mismo con la portada. Que la portada sea tan gratificante como el contenido interior.

El diseño grafico debe tener toda la intención de hablar por si mismo. Que sin tener la necesidad de leer el titulo, se sepa de que trata. Atrápalos con el arte. Enamóralos del diseño. Persuádelos con el tema.

Paga lo que puedas por algo bueno. Si no eres diseñador grafico y no tienes la mínima idea de cómo hacerlo, no trates de hacerlo por ti mismo. Por favor no cometas el error de crearte una imagen en aplicaciones de teléfono, porque sin duda alguna enterraras tu libro tu mismo.

Yo soy diseñador grafico y siempre procuro estar al día en cuanto a portadas modernas, pero también buscar la manera de presentar algo nuevo, que sea atractivo. Mis diseños tienen que ver con la manera en la que yo mismo visualizo mis libros y como también deseo que los demás lo hagan.

Trabaja mano a mano con tu diseñador para que ambos, juntando sus ideas produzcan algo que valga la pena ver y leer.

Plataformas Y Publicación

"Algunos libros son probados, otros devorados, poquísimos masticados y digeridos."

-Sir Francis Bacon

Ser firmado por una casa editora es el sueño de todos los que aspiran a las alturas. Tener el peso de un nombre como *Grupo Nelson*, *Whitaker House*, *Casa Creación*, entre otros le da mayor impulso a tu libro. Y claro que lo puedes alcanzar. No te limites. Puedes enviarles tus escritos y orarle a Dios que te surja una buena oportunidad con ellos, pero si no sucede así, no creas que es el final. Quizás no tengas un nombre como *TD Jakes*, *John C. Maxwell* o *Max Lucado*, pero eres tu. Crea tu propio nombre y reputación.

El hecho de que una casa editora no te firme no significa que tu trabajo no sea bueno. Una cosa no significa la otra. Posiblemente ellos están buscando otro estilo y temática. Así que no te desanimes si recibes un *no*. Busca otras opciones de editoras y si la respuesta es la misma continua moviéndote.

Publicar de manera independiente puede ser la opción mas viable para muchos de nosotros, pero esto implica un poco mas de esfuerzo y trabajo. Esto tiene sus pros y contras:

Pros- No necesitas ser firmado ni aprobado por nadie.

Contra- Tienes que vender tu propio nombre e imagen.

Pros- Es mucho mas económico.

Contra- Personalmente invierte de tu bolsillo.

Pros- Tienes mas ganancias.

Contra- Distribuyes tu mismo.

Opciones De Distribución

1. Ingram Spark:

Su red y alcance de distribución es poderoso. Llegan a tiendas como *Walmart, CVS, Walgreens, Sams, Barnes & Noble y Librerías* locales. Alcanzar a las masas con ellos es garantizado porque su empuje es casi insuperable. Ahora, sus desventajas son notables. Lo primero es su inversión inicial que, dependiendo del paquete que deseas, puede ser de mil quinientos dólares a mas de dos mil dólares. Esta inversión no incluye para ti copias para que tu mismo las distribuyas. Lo segundo es que la ganancia por la venta de cada libro es mínima. Puedes ganar aproximadamente algunos dieciséis centavos por la venta de cada copia. Y si usted considera la cantidad de horas, días, semanas y meses de fuerte trabajo invertido en comparación a la ganancia, no parece atractivo. Lo único que podría darte paz es recibir de ellos la seguridad de que tu libro venderá sobre las cien mil copias como mínimo para que puedas ver una ganancia relevante.

2. Imprentas Locales:

Todas trabajan de formas distintas y con variedad de precios dependiendo del tamaño del libro y de la cantidad de paginas que tenga. Cuando publiqué mi primer libro, las imprentas me cobraban de cinco a seis dólares por la impresión de cada copia de mi libro. Y si la intención era vender el libro a diez dólares, pues las ganancias no parecían ser las mejores.

Hay dos cosas por las que tendrás que pagar a primera instancia. La primera es por tu cantidad de copias que deseas, tomando en consideración que la mayoría de las imprentas te requieren un mínimo de quizás cien libros en cada compra. Lo segundo es que pagas adicionalmente un *"proof"*. Esto es literalmente almacenar el archivo de tu libro con sus medidas y especificaciones en su sistema, para que en tu próxima compra ellos ya lo tengan todo listo. El precio puede ser de cerca de cien dólares solo por ellos guardar tu información y documentos.

3. Amazon KDP:

Ellos están creciendo como un fuego salvaje. Poco a poco han ido adquiriendo otras compañías y desarrollando con mayor fuerza su imperio. Su distribución de igual manera es mundial. Tienen la capacidad de llegar a casi todas las partes del mundo. Ellos han creado una plataforma específicamente para autores y escritores. KDP es la plataforma en la que puedes tener tu libro disponible tanto digital como impreso, a la misma vez y en el mismo lugar. Lo mas poderoso es que lo tienes todo disponible de manera GRATUITA. No debes pagarles nada para que ellos tengan tu libro con ellos. No tienes que pagar para que guarden tus archivos, ni para que impriman ni distribuyan tu libro. Sencillamente ganaras de manera limpia con la venta de cada libro en su página.

Las ganancias por la venta de libros es dividida de la siguiente manera:

a. Ellos se ganan un treinta porciento y tu un setenta porciento por la venta de cada libro.
b. De tu setenta porciento ellos te cobran el costo de impresión y el resto te pertenece.

Digamos que tu libro tiene un costo de diez dólares cuando es vendido al publico. Cuando se vende ellos te cobran de ese mismo dinero su treinta porciento y lo que les costo imprimir tu libro. Digamos que tu libro costo dos dólares imprimir, pues en total serían cinco cincuenta para ellos y cuatro cincuenta para ti. En comparación a otra compañía con la que ganabas solo dieciséis centavos, se que esta es tu mejor opción. Usted gana dinero completamente limpio porque no tuviste que invertir en lo absoluto.

¿A quien prefiero?

De las tres opciones anteriores, sin dudarlo, escojo a Amazon. Para mi bolsillo es mucho mas accesible y conveniente. Tu elijes entonces que te conviene y que se ajusta a tu presupuesto. Si te decides por Amazon debes hacer lo siguiente:

1. Crear una cuenta con ellos y colocar toda la información personal tuya, incluyendo la información de tus impuestos.
2. Subir el contenido interior del libro y la portada en formato PDF.
3. Ellos mismo te proveen tu ISBN y código de barra.
4. Procura que tu libro cumpla con las medidas requeridas. (Márgenes, Tamaño y Medida).
5. Espera de cuarenta y ocho a setenta y dos horas por su respuesta.

6. Si te piden corregir algo, hazlo, porque ellos no publicaran un libro que no cumpla con sus especificaciones.

Mercadeo Y Venta

"Deja de vender. Empieza a ayudar"

-Zig Ziglar

Procura vender tu idea de manera inteligente. Presenta tu libro como la respuesta a X problema. Utiliza la emoción, la intriga y el suspenso a tu favor, presentándolo de esta manera a tu audiencia.

Tres semanas o un mes antes del lanzamiento del libro, crea una campana de anuncios, donde las personas vayan conociendo mas acerca de ti y tu libro. Cada tres días comparte escritos para despertar discusión entre tus seguidores. También haz sorteos y regalos, porque, ¿a quien no le gusta lo gratis?

Adquiere los libros directamente desde Amazon. Ellos no solamente lo tienen disponible en su plataforma, sino que también le venden a los propios autores las copias de los libros en su mismo precio de impresión. Si a ellos les cuesta tres dólares en imprimirlo y hacerlo, pues a ese mismo precio te lo venden a ti. Ellos no tienen un mínimo de libros que debes comprar, por lo que si solo puedes comprar diez, ellos te los venden sin preguntas ni excusas.

Ten en mente lo siguiente: *"Tu libro no vale el costo de impresión, sino el trabajo y la información que tiene"*. No permitas que nadie mas le ponga precio a tu trabajo y esfuerzo. Las personas no estarán pagando por un pedazo de papel, sino por la información valiosa que hay en él.

¿Cómo puedes adquirir las copias sin romper el banco? Haz una preventa. Anuncia a la audiencia que ya tienes tu libro de camino y que deben separar su copia con anticipación. Ellos adquieren el libro contigo directamente, y sin tu mismo tener que sacar el dinero de tu bolsillo, aprovechaste la preventa para adquirir la cantidad de copias de libros necesitados.

Tan pronto comiences a generar dinero no lo gaste. Úsalo para adquirir mas copias y mantén el dinero corriendo y trabajando a tu favor.

TU PUEDES HACERLO

ULTIMAS PALABRAS
Tu Puedes Hacerlo

"Todo esfuerzo tiene su recompensa, pero quedarse solo en palabras lleva a la pobreza."

-Proverbios 14:23

¿Cómo se llama tu mayor desafío? ¿La incertidumbre? ¿La duda? ¿La falta de confianza? ¿La falta de ánimos? Sea cual sea tienes que hacerle frente, sino no cambiará.

Los obstáculos de la vida deben utilizarse como escalones para llevarnos a mayores alturas. Construye puentes con las piedras que la vida te lanzó. Edifica empresas con las experiencias vividas. Restaura vidas e inspira como otros libros lo hicieron contigo ayer.

Te toca a ti contar tu historia y convertirte en la inspiración que otros necesitan. Tienes las herramientas para lograrlo. Así que lánzate. No te conviertas en otro libro en el cementerio que nunca se publicó. Cargas una obra maestra para las futuras generaciones.

TU PUEDES HACERLO

ACERCA DEL AUTOR

Michael Santiago es un escritor y emprendedor que desde su niñez ha enfrentado varios diagnósticos médicos, y con su mirada y fe puesta en el Señor Jesucristo se ha podido levantar. Es el autor de los libros:

En Los Zapatos Del Evangelista -*Experiencias & Anécdotas Ministeriales*-

Toma Tu Lecho & Anda –*Es Una Actitud De Fe*-

Hágase Tu Voluntad –Cuando Creerle A Dios Cuesta-

Vive felizmente casado con su esposa Gene, quien también es una emprendedora, corriendo con su propia compañía. Ambos se complementan y esfuerzan para alcanzar lo que se proponen.

Puedes encontrar más acerca de Michael Santiago en sus redes sociales; Facebook, Instagram y YouTube. Búscalo y síguelo. De seguro serás bendecido con el contenido que encuentres.

Para invitaciones:

michaelsantiagoministries@gmail.com

En Los Zapatos Del Evangelista

"Experiencias & Anécdotas Ministeriales"

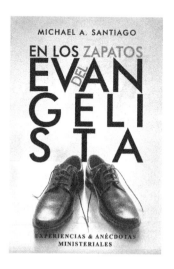

Todos tenemos un diseño, un llamado y un destino. Seremos procesados de acuerdo al depósito que se nos entregó. Cada desierto, prueba y dificultad tiene el propósito de encaminarnos y capacitarnos para la tarea que se nos encomendó. En este libro encontrarás las experiencias vividas por el evangelista Michael Santiago a lo largo de 10 años ministeriales.

Toma Tu Lecho & Anda

"Es Una Actitud De Fe"

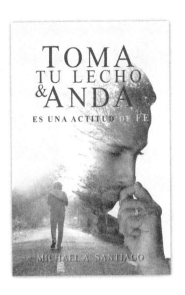

Tu milagro es posible. Así como lo lees. Dios hará absolutamente todo lo que dijo y tus ojos lo verán. Desde la eternidad hablaron de tu milagro, pues ya tiene fecha de cumplimiento y tu enfermedad tiene fecha de caducidad.

Solo tienes que CREERLO.

Hágase Tu Voluntad

"Cuando Creerle A Dios Cuesta"

La Voluntad de Dios es Su sueño revelado al corazón de aquellos que intiman con Él y procuran agradarle. Ella puede ser dolorosa, amarga, fuerte y desafiante, pero sobre TODO, siempre obrará para bien de aquellos que aman a Dios.

TU PUEDES HACERLO

Made in the USA
Middletown, DE
14 October 2023

40768420R00046